LETTRE CONFIDENTIELLE

A M. LE MAIRE DE L'HOPITAL

A PROPOS DE TROIS PROCÉDURES

Par M. le Cte DE QUINSONAS

MONSIEUR LE MAIRE,

Aujourd'hui seulement, ce quatrième de juin, an de grâce et de salut 1870, je viens enfin de finir pouvoir solder, il en est temps! les derniers frais, outrageusement lourds (je le crie bien haut), du troisième procès injuste qui me fut intenté après bien d'autres non moins ridicules qu'iniques aussi, intentés jadis à mon pauvre père, et cependant de si charitable mémoire.

Lui, pourtant, ne conspira jamais (comme on m'en accuse), pour rétablir *la féodalité, la dîme* (encore moins chère que notre budget, après tout, que *la conscription,* ce dur impôt du sang, que les doubles décimes de guerre, que l'impôt foncier, etc.), et autres *droits du Seigneur!* car il fut toujours modeste, humble même, bon et serviable à l'excès, malgré les persécutions qui ne lui furent point épargnées pour le faire partir, le chasser, comme on voudrait *me chasser* de chez moi, et on aura de la peine, car je suis inamovible. Il ne voulut jamais se défendre et fit toujours du bien autour de lui. Le bien rendu pour le mal était sa seule façon de venger les injures, si bien qu'on ne les lui épargnait pas en retour, mais uniquement, sans doute,

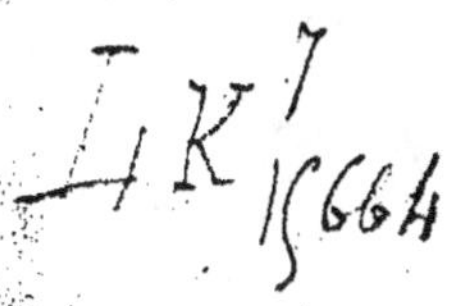

pour qu'il pût les offrir à Dieu, et montrer jusqu'où pouvait aller sa patience, qui fut grande comme l'acharnement.

Et, malgré cela, c'était un noble! et que n'a-t-on pas dit de lui? au temps où je n'étais pas encore devenu *la bête noire,* moi, qui gêne aussi, ne fut-ce que par l'emploi, je l'espère honorable et moral, d'une fortune dont je sais qu'il faudra rendre compte un jour. Mais ce jour redoutable sera sévère et vengeur pour *l'avarice, l'imposture* et *l'injustice,* car, avec le Père Éternel, les finasseries et les gros mensonges, les âneries, en un mot, n'auront plus cours forcé comme avec les gens simples qui s'y laissent toujours prendre et duper, contre l'évidence et leurs propres intérêts. Pourvu, à l'aide de quelques grosses calomnies, qu'on les trompe bien, ils sont contents et satisfaits. Sous ce rapport, je reconnais qu'il y a des industries, des tyrannies, je dis le mot, fort habiles, avec lesquelles il me serait même impossible de batailler. Il est vrai qu'étant droit, *loyal,* sans arrière *pensée* et *honnête,* je ne pourrais jamais employer *des moyens honteux* en spéculant sur la misère, les mauvaises passions et la bêtise humaine. Tout le monde n'y regarde pas de si près, aussi l'on entend souvent parler d'élections, d'influences, imposées par la corruption, en payant à boire, etc. On comprend, *le vin* et *l'argent,* employés trop souvent pour égarer les bons campagnards, surprendre leur bonne foi pour les exploiter indignement, cela se voit tous les jours. Mais, la force véritable, le tour de force, en un mot, le sublime du genre, c'est de ne leur jamais rien donner!..... Allons donc, tout au contraire. Cependant je me trompais; leur donner, oui..... *de bons conseils...* Ah! quels conseils? Tout refuser, par exemple ce qu'on pourrait leur offrir, sous prétexte, j'imagine, de désintéressement, peut-être beaucoup aussi pour *éviter les comparaisons fâcheuses.* La belle affaire de traîner *les électeurs, les débiteurs* et *les victimes,* en un mot, au cabaret, où là, moyennant finances, de les griser en les égarant sur leurs avantages les plus évidents. Il est plus économique et plus sûr de les menacer du papier timbré, des huissiers, *des feux d'une enchère d'expropriation,* par exemple, et autres moyens d'action énergiques. C'est de la vieille cuisine que l'argent et la boisson, car les gens vraiment habiles, non seulement ne dépensent pas un rouge liard, vraiment, oui, ils en mourraient bien plutôt que de payer à boire, sous prétexte que ce n'est pas moral! Bien plus, on dit, mais je ne puis le croire,

qu'il serait possible d'en arriver non seulement à ne pas donner le verre d'eau de l'Évangile, mais jusqu'à empêcher *la
plèbe* de boire même de l'eau.. ... En voilà de la persuasion ou
du fanatisme; et, si la chose était exacte, ce qui ne me semble
pas croyable, il ne faudrait plus s'étonner ni douter de rien,
tout serait possible alors.... Ici, oui, tout est possible !

Ce qui me console, c'est que mon père fut encore plus mal-
traité que moi, et, pourtant, je suis bien loin de le valoir.
Ainsi je n'ai eu à supporter qu'un seul procès de fontaine (il
était bon par exemple), que j'ai, malgré tout, bel et bien gagné;
tandis que mon père en perdit *quatre fontaines*. Et je suis
trop charitable pour vous dire *par quels moyens*. Les ven-
geances municipales m'ont décoché bien des significations
stupides; mais qu'est-ce que ces mesquines persécutions en
regard des 73 procès-verbaux de soi-disant contraventions
prétendues dans la même année, bans de vendanges surtout,
et autres gentillesses administratives! Voilà qui est assez
réussi; 73, un beau chiffre ! Aujourd'hui on n'oserait vraiment
plus se risquer ainsi; raison pour laquelle je dois reconnaître
que *la publicité* en impose, même aux gens les plus enragés.
Oui, la publicité est une bonne chose, et si les séances des conseils municipaux sont bientôt *publiques,* de plus si un *registre de
réclamations* est établi dans *chaque mairie,* comme dans chaque
justice de paix, dans chaque tribunal et sous-préfecture, ainsi
que je le demande dans un livre qui va paraître, nous finirons
par avoir la paix alors, et ce sera fini de rire... à nos dé-
pens.

Malgré l'expérience de tant de vilaines chicanes ou l'odieux
le dispute au ridicule, j'ai été assez jeune pour vouloir, malgré
cela, marcher sur les traces paternelles. Et moi aussi, j'ai été
assez sot, assez niais, pour essayer, malgré les avertissements
du passé, de faire encore et quand même, du bien autour de
moi à des gens qui n'en voulaient pas. A l'impossible, nul
n'est tenu ! J'en suis récompensé comme je devais l'être,
comme je devais m'y attendre ; c'est bien fait, je n'ai que ce
que je mérite et je le reconnais, *c'était dans l'ordre.*

Je n'ai donc rien à vous apprendre en disant, ce que tout le
monde sait trop bien, qu'on m'a gratifié pour ma *juste péni-
tence,* et je ne l'ai pas volé, de trois procédures acharnées qui
se suivent et s'enchaînent pour avoir eu :

Premièrement. La naïveté de vouloir donner à grands frais, si on m'en avait laissé le temps, au moins de *l'eau potable à boire,* ce qui est certes bien la première des nécessités, et ainsi des charités pour *le pauvre monde altéré* qui n'en a pas à sa soif; mais, au contraire, seulement de l'eau trouble, sale, malsaine et infecte, véritable résidu des fumiers. A qui la faute? à moi, parbleu, c'est bien clair, à preuve qu'on me fit alors un bien joli procès, ce qui ne paraît pas croyable et ne le serait véritablement pas ailleurs. Heureusement, celui-là je ne pouvais le perdre, car, sans cela!... Oh ces coquins, ces gredins, ces gueux de nobles ! quelle race ! Avec eux, il faut toujours se méfier, de leurs fontaines particulièrement, avoir l'œil sur les cadeaux qu'ils sont assez bêtes pour faire à des malins qui n'en ont pas besoin et qui n'en veulent pas plus que de chemins, de chapelles, etc.

Deuxièmement. J'ai encore voulu être utile à mon prochain, et j'avais grand tort, en ayant la prétention d'exiger (en vertu de l'égalité qui, certes, n'existe que sur le papier), *l'exécution stricte de la loi sur la chasse.* Elle prescrit formellement *d'enfermer les chiens,* surtout la nuit, elle défend de les laisser chasser à la neige, en temps prohibés, et surtout de causer d'énormes dégâts en divaguant sans cesse ; mais on a des protections avec lesquelles on peut tout se permettre à la barbe de la légalité, sinon de la justice. Je croyais, dans ma bêtise, pouvoir arriver à faire enfin respecter *nos propriétés, notre gibier, nos champs, nos récoltes,* indignement, scandaleusement ravagées et saccagées par deux véritables meutes, surtout nos vignes, et, faut-il le dire, protéger même *nos cuisines,* la marmite du pauvre que ces chiens affamés ne respectent pas plus que le reste, n'étant pas nourris par leurs possesseurs. Je me trompais, quoique ceci soit monstrueux à dire. Ce que c'est pourtant que d'avoir, *en vrai jobard,* cru aux immortels principes de 89 ; cru être égal devant la loi de 1844 devenue évidemment insuffisante, égal à une *nouvelle féodalité !* implacable... la pire de toutes. La féodalité toute puissante des *électeurs influents* et bien *pensants,* ce qui veut dire *bien votants.* Chaque époque a ses fléaux, et celui-là en est un grand, de même que nos pères avaient la peste, nous le choléra et les candidatures officielles! Allons donc, l'égalité pour moi, j'étais aussi par trop jeune. J'ai la parfaite certitude, moi qui vous écris ces confidences, que si je faisais voter pour MM. ***, qui, eux votent si bien et le Mexique et compagnie, et tout ce qu'on leur a demandé et tout ce qu'on leur demandera, fut-ce la corde pour me pendre, moi surtout très-mal *pensant*, qui ne veut point de féodalité pas plus que du pouvoir personnel, mais la *liberté*, mais l'*égalité, la justice pour tous!*... J'ai donc la profonde conviction, dis-je, que si je n'étais poussé à bout, finalement (et il y a de quoi), si je n'étais pas *une opposition*, les choses se passeraient tout autrement à mon égard, et je vais plus loin, non seulement on ne me refuserait pas justice pour un chemin échangé depuis dix ans, par exemple, mais j'ai même la fatuité de croire que *si je voulais* je pourrais avoir avec justice bien des choses. N'étant pas précisément à vendre, je préfère, ne rien vouloir, et n'avoir besoin de personne. En effet, ces Messieurs qui nous *coûtent gros*, doivent être reconnaissants pour ceux qui les font nommer sous peine d'être des *pas grand choses*. Quelle chance j'ai d'être *inamovible!* de me passer de protections et d'avoir le courage et l'indépendance, ne voulant rien être, de parler tout haut, d'appeler, s'il le faut, un chat un chat, et un fripon et un coquin un coquin et un fripon. On ne peut payer *trop cher* l'honorabilité et l'*entière indépendance,* tout se paye.

Troisièmement. Enfin, et ce qui est tout aussi méritoire, je viens d'être *recondamné* pour avoir combattu en vain, je l'avoue et m'en ferai *honneur* une seconde fois; qui plus est j'ai lutté encore avec désavantage puisqu'on ne m'attaquait à coup sûr qu'après avoir *brûlé* ou peut-être *altéré* mes titres, on l'a bien fait pour les fontaines! Précaution prudente, mais *déshonorante.* J'ai lutté cependant, toujours pour les autres bien plus encore que pour moi, car après tout, que m'importe? et quelle perte me coûte ce procès là? Il me fera néanmoins toujours plaisir comme le souvenir d'une bonne œuvre, et plus de gloire que de profit à ceux qui l'ont gagné, et il *leur coûte cher* à eux pour le résultat. J'ai été vaincu, mais avec une *intention charitable* et digne d'un meilleur sort. Je résistais pour une bonne et une juste cause, ce que les magistrats, le *texte sec* de la loi en main, n'ont pas pu ou voulu comprendre. J'ai voulu conserver une ressource précieuse à l'indigence, un secours aux malheureux, un droit ancien aux opprimés, à ceux qui n'ont pas de prairies. J'ai essayé de faire maintenir la précieuse conservation pour ces contrées, du droit cependant si léger pour *les gros* et si utile aux petits de la vaine pâture à la montagne. En cas de suppression de la fruitière, c'était une bonne institution, surtout dans les années de sécheresse et de disette de fourrages, désastreuses comme celle du plébiscite !...

Si la 4° chambre n'y a rien compris, le gouvernement est bien forcé par la sécheresse de le comprendre. Le moment est donc on ne peut mieux choisi pour cette injuste et déplorable suppression de la vaine pâture.

La meilleure des preuves que j'avais raison en voulant conserver aux pauvres le *droit de pâturage*, c'est que, contrairement à tous les précédents, cette année-ci on *tolère le pâturage*, même dans *les forêts de l'État et de la Couronne*, témoin la déclaration du ministre à la Chambre dont voici un extrait :

Séance de juin 1870.

« M. LE MINISTRE DES FINANCES. — Au moment même où » l'honorable M. Corneille m'adressait sa question, un de nos » collègues me disait que les ordres transmis par mon admi- » nistration étaient dès à présent exécutés de la *manière la* » *plus large*. Je n'ai donc qu'à les répéter devant la Chambre, » en précisant, pour que les conservateurs, les préfets, tous » les fonctionnaires de l'administration des forêts s'y confor- » ment exactement. Le jour même où M. Steenackers m'a » adressé sa question, j'ai transmis par le télégraphe *l'ordre* » *de laisser enlever de toutes les forêts de l'État les herbes qui* » *peuvent servir à la nourriture des bestiaux*. Les mêmes » instructions ont prescrit *l'admission du gros bétail dans* » *toutes les parties défensables des forêts*.

» J'ai ajouté, pour les moutons et brebis, dont l'admission » est interdite par l'art. 110 du Code forestier, autrement que » par ordonnance ou décret, qu'un *avis favorable suffirait* pour » que j'accordasse sans délai *l'autorisation nécessaire*.

» Voilà les ordres que j'ai donnés. Beaucoup de nos collè- » gues peuvent dire que l'exécution en est large. Quant à ré- » gler d'ici les détails et les conditions de cette exécution, » c'est chose impossible. C'est aux conservateurs, placés sur » les lieux, à apprécier. (Très-bien ! très-bien !)

» M. CORNEILLE. — Je remercie M. le ministre de sa déclara- » tion ; mais je crois qu'il serait utile encore de stimuler le » zèle des agents et de *simplifier les formalités*.

» M. STEENACKERS. — Les ordres donnés ne s'exécutent pas » avec la diligence nécessaire. Il conviendrait donc de les » renouveler.

» **m. de choiseul.** — **M.** le ministre des finances n'a parlé
» que des forêts de l'État. Je le prierais d'intervenir auprès
» de son collègue **M.** le ministre de la maison de l'Empereur,
» pour que les mêmes facilités soient données *dans les forêts*
» *de la Couronne.* (Bruits divers.)

» **m. bérard.** — Lors de la question faite par **M.** Steenackers,
» **M.** le ministre avait parlé aussi des *bois des communes.* Il ne
» parle aujourd'hui que des forêts de l'État. Les ordres donnés
» s'appliquent-ils aux bois communaux ?

» **M. LE MINISTRE DES FINANCES.** — Je ne retranche rien de
» ma première déclaration ; mais j'ai dû renfermer ma réponse
» nouvelle dans les limites de la question qui m'était posée
» aujourd'hui : elle ne concernait que les forêts de l'État.

» Pour les *bois communaux,* les conservateurs ont *ordre de*
» *s'entendre avec les préfets.* »

J'étais donc charitablement inspiré en combattant pour une
si juste et si bonne cause !

J'ai succombé malgré les témoignages écrits des maires voisins ou de gens ayant été longtemps maires, malgré les dépositions *claires, précises, irréfutables* de quarante témoins en-
tendus ; car de beaucoup, les meilleurs sans contredit pour ma
cause (celle du pauvre monde enfin), furent même ceux pro-
duits par *l'ennemi.* Mais la Cour d'appel n'est pas de cet avis
et me condamne, je dois m'incliner pour le moment du moins,
car il y aura à y revenir, au petitoire ou au possessoire !

J'imprimerai un jour, comme exemple, tout ce procès avec
les petits mensonges, les finasseries bêtes et cousues de fil
blanc, les petites perfidies par trop visibles et risibles pour ne
pas prouver dans toute son évidence que la vaine pâture exis-
tait *de temps immémorial,* seul but de l'enquête qui le prouve.
J'ai eu la patience d'écrire pendant deux jours entiers, et sous
la dictée impartiale du magistrat enquêteur ces quarante dépositions, et c'est triste à relire pour l'honneur et la dignité
de la pauvre espèce humaine, trop souvent bête, ingrate, hai-
neuse et méchante au fond, sans intelligence de ses premiers
intérêts. A la campagne, presque toujours lâche et peureuse.

Alors, me direz-vous : Si l'enquête fut aussi accablante dans
son *unanimité,* vous étiez donc *condamné d'avance ?* et pourquoi
n'avez-vous pu alors conserver, sauver, en face de la mauvaise
foi prise la main dans le sac, transmettre ce droit du pauvre

et pouvant être si utile, existant dans nos montagnes de tout temps à titre *de charité* comme le glanage? Le glanage est lui aussi une tolérance charitable, mais sans doute encore que certaines *rapacités insatiables* demanderont aussi bientôt qu'on le supprime au nom du progrès comme un reste du Moyen-Age barbare, de la tyrannie féodale et des cruels seigneurs. Pauvres seigneurs! on leur a beaucoup volé, et ils ne faisaient pourtant pas l'usure, eux! Je crois même que les *nouveaux seigneurs* sont infiniment *plus chers,* plus durs, plus rapaces, et cent fois pires. Une aberration de la loi, c'est de ne pouvoir prouver!

Malgré la justice de ces deux causes, pourtant celles de tant d'autres avec moi, j'ai perdu la première sur la simple déposition, parfaitement fausse, je le leur dis carrément, de dix témoins seulement, et si j'avais été présent, au lieu d'être en Italie, pas un seul n'eût osé en face de moi dire ce qui n'était pas vrai. Et, à ce propos, je veux bien qu'on me recondamne!

La seconde, oh! absurde contradiction de la justice humaine! est perdue tout au contraire malgré *quatre fois plus de témoins,* tous unanimes, amis comme ennemis, perdue seulement, vu mon manque de *titres écrits* pour appuyer ces quarante témoignages. Ces titres! mais on sait bien qu'ils ont été *brûlés, volés, pillés* et *détruits* par la prudence prévoyante se disant : « Brûlons toujours, on ne sait ce qui peut arriver ; après, nous garderons le solide. » C'était alors le bon temps, pendant les horreurs de 93. Sans cette infamie, car c'est infâme de *voler,* brûler même ou *d'altérer,* de dénaturer en les *raturant* des titres de possession en l'absence forcée desquels on vient ensuite invoquer hypocritement la loi et la *prescription* si commode! Oui, c'est infâme, méritant ni plus ni moins les *galères;* aussi je serai implacable et ne cesserai de crier toujours : *Les ratures!* J'ai perdu, grâce à cette bonne précaution préalable, en 93, ou grâce aux *ratures* encore peut-être de quelques délibérations (il n'y a que le premier pas qui coûte), et vu l'impunité. Si on a pu tout à son aise raturer au second Empire celles de 1809 et de 1813, on a bien pu *altérer, raturer* ou faire disparaître tout ce qui aurait pu gêner dans ces registres qu'on a eu si bien le temps d'*étudier,* de *raturer* à son aise et de savoir d'un bout à l'autre. Allez, ceux qui ont *volé, brûlé* et *raturé* savaient bien ce qu'ils faisaient, les misérables! et pourquoi ils le faisaient. Aussi, j'en remets la vengeance à la justice divine!

qu'il ne sera pas facile, celle-là, d'éviter, car elle ne se trompe pas, et on ne peut la tourner ou la gagner, elle. Tôt ou tard, malgré les succès passagers, il faudra bien payer l'arriéré et *compter avec elle!...* Certes, sans ces précautions habiles, mais scélérates, sans le vol et l'incendie pendant la Terreur, sans les *ratures* du second Empire qui laisse faire sans rien dire, il tombe sous le sens qu'on se fût bien gardé de m'attaquer, et je trouverai toujours *étrange,* avec les honnêtes gens, que la justice n'en ait pas tenu compte... et n'y ait vu que du feu. Si la lettre tue et l'esprit vivifie, dit l'Evangile, il faut que la loi humaine soit bien inepte pour ne pouvoir tenir aucun compte de véritables *scélératesses!...* Et je plains ceux qui l'appliquent!...

Il y a dans ces deux condamnations une *contradiction absurde* et révoltante. L'une, sur *simple déposition orale, faite en mon absence encore, de quelques témoins,* me faisant avouer ce que je n'ai jamais fait; l'autre, malgré l'évidence et le témoignage bien suffisant, écrasant de *quarante dépositions!* toutes *unanimes.* Mais, dira-t-on, les avocats finissent par être un fléau, et c'est une horreur. Quoi! avoir ainsi contre vous *deux poids et deux mesures!* C'est trop fort aussi! Vous êtes donc bien mal noté, une brebis galeuse?

Du tout, la justice est absolument incorruptible, ne peut et ne doit jamais avoir tort ni se laisser influencer. Elle ne peut surtout jamais se tromper ni nous tromper, car, infaillible, elle méprise, comme vanité de ce monde, l'avancement, la faveur, et jusqu'aux décorations. Que voulez-vous donc de mieux? Et ceux qui crient contre la magistrature debout ou assise ont un mauvais caractère.

Quoiqu'en dise le proverbe : on a vingt-quatre heures pour maudire ses juges (preuve assez évidente que la chose s'est vue), je ne m'attaque point aux hommes, mais à la loi, qui est trop souvent *idiote,* bêtement inconséquente en mille endroits du Code, tout Code Napoléon qu'il soit. Elle est incomplète et manifestement injuste en punissant de même le vol de *cinq sous* comme le vol de *cinq millions!* ce qui rend aussi les caissiers très-infidèles. Elle est absurde en vous condamnant à 16 francs d'amende comme diffamation, si vous avez le malheur de traiter de voleur ou d'escroc, dans votre juste indignation, un coquin que vous prendrez la main dans votre poche, vous volant effrontément votre bourse, ou *raturant* vos titres de propriété encore bien plus effrontément! Il sera condamné comme voleur, lui; mais vous aussi, pour l'avoir insulté, qualifié induement de voleur ou de faussaire, sous prétexte que le citoyen n'est qu'un zéro, n'ayant pas le droit de se faire justice lui-même. Est-ce assez idiot? Or, adressez-vous à messieurs de la justice, et vous m'en direz des nouvelles? Je dirai en bon chrétien, même à mes pires ennemis, que Dieu vous préserve des légistes! à moins (ce que je crois) que vous n'aimiez les procès et les chicanes, et je sais bien pourquoi et la raison qui vous engage à la cultiver, la chicane, monsieur Chose...

Il en résulte qu'avec de l'argent on peut ruiner un pauvre diable en lui intentant le procès le plus injuste, qu'il gagnera encore peut-être, mais qui certainement le ruinera. Si on ne peut me ruiner moi, qu'on dit pourtant si bien ruiné, on veut au moins me forcer à la retraite, me faire déguerpir, partir à force de persécutions, de tracasseries, et, traduction libre, on n'est venu m'attaquer dans ces trois guet-apens, ces trois traquenards, qu'*à coup très-sûr*, après avoir bien pris toutes les mesures. Mais j'ai pu une fois sur deux au moins, et ce n'est pas trop, échapper à ces honteuses combinaisons, grâce à la divine Providence, qui voit tout et punit tout, ne fût-ce que par la conscience. Ainsi, le TRIBUNAL DE BELLEY LUI-MÊME a dû *flétrir les ratures, leur but* et constater, chose importante, qu'elles sont *toutes récentes* encore! il n'y a donc pas à s'y tromper. Quelle humiliation, quelle honte, pour un triste et malheureux pays *endetté, rongé d'hypothèques*, et par cela même *pas libre du tout*, auquel on fera le reproche bien mérité de supporter des infamies pareilles. C'est trop lâche aussi!

Et dans ce pays où le crime *de faux en écriture publique* est pratiqué, n'est pas puni, pas même *inquiété*, pas même *recherché*, où l'on refait tranquillement en petit ce qu'a fait la Révolution dans ses crimes les plus hideux et les plus honteux, *pour voler*, en un mot. Quoi! dans ce pays, la quatrième chambre de la Cour impériale de Lyon a l'*ingénuité* de me venir demander *mes titres écrits!* et me condamne malgré l'évidence, parce qu'on m'a *volé* autrefois et qu'on *rature* aujourd'hui. C'est une chambre à laquelle il faut les points sur les i, une chambre *bien éclairée* et *bien meublée*. Mille compliments et remercîments, et à une autre fois, Messieurs de la 4ᵉ Chambre.....

De ces tristes antécédents et surtout des conséquents ruineux, il résulte pour moi, que les frais, je dis *monstrueux* de ces honteux procès, que surtout la perte de temps mal employé mais considérable qu'ils entraînèrent forcément pour résister et se défendre, arriver à ce beau et surtout *honorable* résultat, *dont la basoche doit être fière,* retardèrent juste de cinq années ni plus ni moins ma promesse à Dieu et à vous, monsieur le Maire, de restaurer dans son état primitif et d'agrandir de deux chapelles et d'un clocher bysantin votre si pauvre église. Saccagée avec rage, elle aussi, par intérêt, pendant la terreur et par les mêmes hommes, elle est insuffisante, comme bien d'autres, pour une population laborieuse mais incapable de la réparer sans aide. On vous a donc fait, ainsi qu'au bon Dieu, ce qui est pire, bien plus tort qu'à moi. On dira peut-être que Dieu peut attendre, car il est *patient!* Mais sans ces procès iniques, longs et coûteux, il est certain que l'Oratoire de la Commanderie des chevaliers de Saint-Jean de Jérusalem, le seul monument historique et intéressant du pays, aurait déjà retrouvé sa voûte (1), ses antiques magnificences artistiques, ses belles peintures et ses mosaïques d'or de son état primitif, au dixième siècle. Quel temps perdu et surtout quel argent bien employé! Car, tout bien compté, vu surtout les inconcevables âneries du procès des fontaines, dont on a rappelé encore! Ces procès coûtent certainement encore bien *plus cher* à mes adversaires qu'à votre victime serviteur, qui s'en moque après tout. Auraient-ils mieux fait, oui ou non, de faire comme moi, en *donnant* cet argent (si vilainement, si tristement dépensé) à Dieu et aux pauvres, le meilleur de tous les placements pour l'avenir, au lieu de le gaspiller en huissiers, greffiers, etc., etc. Grand bien leur fasse.

Ce que c'est pourtant que la haine et la jalousie. Il est néanmoins triste, reconnaissons-le tout de même, d'en être réduit à trouver dans un pays civilisé comme le nôtre, et au temps du progrès, qu'*ayant tort* ou qu'*ayant raison,* peu importe, ce qui n'est pourtant pas à beaucoup près la même chose, bien au contraire (n'en déplaise aux légistes qui nous dévo-

---

(1) En effet, cette voûte est la première des réparations si urgentes, c'est par elle qu'il faut commencer ; seulement, nous la ferons en briques, pour éviter qu'elle ne soit plus *volée,* comme la première ! Il paraît certain qu'on peut voir le tuf qui la formait servant actuellement de voûte à *certaines caves !* Quel rage de pillage il fallait avoir, et comme on volait tout sans rien laisser perdre pendant les horreurs de la tourmente révolutionnaire ! Oh! l'avarice ! Il y a toujours eu, il y aura toujours *des coquins* à toutes les époques. Ainsi va le monde.

rent), il faille pourtant avouer que *la justice* ou *l'injustice*, on ne peut le croire, à fort peu de chose près, soient dans les deux cas toujours avant tout, quelle amère dérision, *également ruineuses !...* Aussi on a bien raison de réclamer bien haut des réformes judiciaires, car la toge, certes, n'est pas populaire.

Fort de ma conscience, malgré ces tristes résultats, trahissant la résistance et les efforts d'un courage malheureux, j'ai cru bien faire et je continuerai la lutte sans jamais me lasser, advienne que pourra. Je resterai ferme sur la brèche, étant, grâce à Dieu, *inamovible*, moi, fort heureusement pour plus d'un ami que je n'abandonnerai certes pas, car je sais que la victoire serait suivie de dures représailles, si lassé un jour, écœuré, dégoûté d'une guerre implacable, lâche, sourde et sans issue, je cédais la place, ce qu'on désire. Je regarde donc cette lutte comme un devoir religieux, un obligation à remplir, sûr d'avance de l'estime des honnêtes gens, ma seule ambition, et cette estime des braves gens tout le monde ne peut y prétendre, elle ne se paie pas, ne s'achète pas. En un mot, je défendrai tout abus de pouvoir et toute oppression injuste, lors même qu'on recommencerait la nuit à couper mes arbres.

Quoi qu'on puisse encore machiner, inventer ou complotter contre moi, je m'obstinerai même à trouver certaines défaites bien plus honorables que certaines victoires. Quoi qu'il arrive, je me ferai gloire d'être, s'il le faut encore et toujours pour la même cause, celle des humbles, condamné, battu, vaincu, jamais lassé, recondamné tant qu'on voudra, mais convaincu aussi d'*être utile*, en venant, comme je vais bientôt le faire, *publier mes condamnations,* en appeler au grand tribunal souverain de l'opinion publique, dont les arrêts plus que souverains ont, malgré l'interprétation élastique de certaines lois boîteuses, hautement, triomphalement réhabilité plus d'une fois et plus d'une cause perdue cependant et injustement condamnée par la justice des hommes.

Tôt ou tard, la *responsabilité* de ces condamnations, triste résultat que je suis loin de cacher, puisque je m'en fais gloire, retombera sur ceux qui intentèrent ces procès ou y participèrent. Je m'en lave les mains publiquement, confiant dans la loyauté de mes intentions, mais surtout dans la JUSTICE DIVINE, seule *infaillible,* qui seule ne se trompe jamais, elle, sur les *motifs,* les *intentions* et les *moyens,* qui sait *attendre* pour retrouver les coupables, et qui après tout nous jugera tous en suprême ressort. Ce jour-là, nous en apprendrons de belles, messieurs les robes noires !

Donc, momentanément débarrassé (au moins jusqu'à nouvel ordre) de lâches persécutions se tramant dans l'ombre, la nuit, en se cachant bien, perfidement, au moyen d'agents secrets, mais *vendus, corps et âme,* pour se traduire un beau jour par des flots de papiers timbrés et fort chers (j'en sais quelque chose), je saisis donc ce court et premier instant de répit, afin de courir bien vite à votre secours. Dépêchons-nous donc, car les moments sont précieux, aussi hâtons-nous et profitons-en. Certes ! je puis *m'attendre à tout,* connaissant *tout le bien* que peuvent me vouloir certaines *animosités enragées,* c'est l'exacte vérité ; des adversaires irréconciliables auxquels tous les moyens sont bons pour réussir à me traquer, et auxquels je pardonne d'autant plus volontiers que, comme les bourreaux du Christ, ils en arrivent en vérité à ne plus savoir ce qu'ils font ni ce qu'ils disent. A l'exemple du Divin Maître, il faut donc aussi dire : Pardonnez-leur, Seigneur.

Après cinquante années bientôt de vexations, d'abus de pouvoirs, d'iniquités impunies, on finit par connaître son terrain et son monde, savoir à qui l'on a affaire et désormais, en fait d'énormités, j'en ai tant vu que rien ne pourrait plus m'étonner ni me surprendre sous aucun rapport. Mettons-nous vite à l'ouvrage, car on ne sait quel huissier peut arriver, demain, aujourd'hui peut-être, qui sait ? Ni ce que les *exploits* à venir peuvent me procurer et me réserver encore d'agrément *en appel, cassation* ou *simple première instance.* Seulement, dorénavant et pour cause, je ferai l'*économie des avocats* pour une défense devenue, je le vois (*clair !*), totalement inutile. Le Code Napoléon, après tout, ne peut me forcer à produire un avocat dont les arguments, basés sur les faits et l'évidence, ne me servent de rien, étant *fait pour être condamné* fut-ce à payer, entr'autre curiosité judiciaire, la *rédaction du mémoire* d'un maçon par exemple, qui ne sait pas même lire et auquel je croyais n'être tenu cependant, aux termes de la loi, qu'à payer ses murs (quoiqu'ils tombent), mais *pas ses comptes* que je ne suis pas chargé de faire rédiger. Voilà pourtant ce qui m'arrive. Si je dois être condamné, je prétends donc avoir au moins le *droit d'être condamné sans être entendu* et sans être forcé de payer un défenseur qui ne saurait me défendre, ce sera toujours cela d'économisé comme temps et argent pour les pauvres auxquels ces vilains procès seuls font tort en entamant leur budget. Cette résolution économique de ma part va mettre bien plus à leur aise encore ceux qui voudront *m'envoyer du timbre,* mais comme après tout je n'ai qu'à y gagner, je persiste et m'obstinerai ; seulement, condamné ou recondamné, peu m'importe, je crois encore *être utile* en demandant aussi *un registre de réclamations même dans les tribunaux* pour les causes qui sont trop peu importantes pour aller en appel. Mais surtout je crois être utile, fut-ce aux juges eux-mêmes, en publiant... mes condamnations, ne fut-ce encore que pour leur faire honneur et plaisir.

Comme le plus fort imposé dans votre commune, je me crois, en conscience, *obligé* d'y faire du bien (ce qui n'est pas possible partout), au lieu d'entasser et de m'arrondir (j'allais dire m'engraisser), en faisant délicatement exproprier mes voisins, ce qui, partout, est un assez bon moyen de faire fortune. Fameux métier, dit-on ! mais je l'ignore, moi, les larmes du pauvre me faisant toujours une pitié profonde. Que voulez-vous, chacun a ses préjugés, on fait ce qu'on peut, vaut mieux tard que jamais. Enfin ! je suis donc charmé de pouvoir venir quoique si *tardivement* à votre aide, malheureusement. Aussi, j'en suis sûr, tous nous réunirons charitablement nos efforts, *riches* ou *pauvres*, mais chrétiennement unis pour réparer le *temps perdu* par la méchanceté, activer la bonne œuvre qui sera ainsi devant Dieu *l'œuvre égale de tous*, et au même titre égale aussi devant lui.

Il n'en est malheureusement point de même ailleurs, où, malgré les efforts les plus persistants, les plus sots, je l'avoue, les plus désintéressés de ma part, cependant, chose incroyable, ma bonne volonté, paralysée totalement comme le fut aussi celle de mon bon père, n'a jamais pu s'exercer ni rien faire. Un peuple n'a jamais que ce qu'il mérite et les proverbes sont la sagesse des nations, aussi le proverbe a bien raison de dire : *On ne fait pas boire les ânes qui n'ont pas soif,* ou bien encore : *Pour laver son linge sale en famille il ne faut pas vouloir rester dans sa crasse.*

J'espère donc, monsieur le Maire, que plus spirituel, mieux avisé et surtout plus dévoué aux véritables intérêts du peuple souverain qui, disons-le bien haut, choisit et nomme ses conseillers uniquement pour faire ses affaires et non les leurs, ou pour servir les *jalousies*, les *haines*, les *candidatures officielles*, les *ambitions* particulières, j'espère, dis-je, en attendant avec impatience que les séances des conseils municipaux *soient puµbliques*, j'espère que le vôtre ne m'insultera pas, ne m'outragera point, ne se couvrira pas de ridicule en m'envoyant des huissiers, ne me fera pas de procès *honteux, ignobles*, incroyables d'ineptie et d'*ingratitude*. Je suis sûr qu'il ne refusera pas l'offre bien gratuite de donner à votre pauvre commune, mais commune honnête et au moins reconnaissante, elle! tout ce dont elle a besoin, et que pourtant l'on refuse stupidement ailleurs, lorsqu'on ne demandait surtout *absolument rien* en retour que la paix.

Sous ce rapport, avec vous, je suis sans inquiétude, et, par une comparaison bien triste mais trop vraie, je vous dois depuis longtemps des remercîments. Aussi vos administrés vous doivent-ils, eux surtout et plus que moi, de la reconnaissance, car vous, vous êtes *un bon maire!* qui ne me persécutez pas et ne me refusez pas justice lorsque, le Code à la main, je ne puis cependant ailleurs l'obtenir. Au moins, dans vos archives, pas de faussaires, pas de scélérats ni de fieffés coquins venant *mériter les galères en raturant*, altérant d'une main criminelle vos registres de délibérations. Ailleurs *on rature*, mais pour *me voler*, à moi, *ma fontaine*, et pour me calomnier ensuite dans le but évident de me faire perdre, par ce procédé méritant, le bagne, ni plus ni moins; un procès bête et infâme, aussi scandaleux qu'idiot! Pour moi, ces choses-là se font pourtant et se font même tranquillement, histoire de rire, avec une impudence qui dénote de hautes protections, il faut bien le reconnaître, et qui passent inaperçues, impunies surtout, parce que c'est moi qui suis en cause et vote et pense mal! Ailleurs, l'indignation publique, oui, l'honneur d'une commune tout entière outrée forcerait, bon gré mal gré, la justice à rechercher le faussaire, au moins pour éviter l'impunité à l'avenir. Moi, je ne puis obtenir même l'ombre d'une enquête illusoire...

Et l'on nous crie : égalité, la loi, la justice pour tous, plus d'abus, plus d'exploitation de l'homme au profit des malins, des gros. Oui, vous êtes un bon maire, car si de pareilles *monstruosités* se produisaient chez vous, certes, *vous donneriez cent fois pour une votre démission*, justement indigné, et vous feriez bien, si les magistrats refusaient de chercher le coupable. La chose est pourtant bien facile. Lorsqu'un juge d'instruction poursuit, je ne dis pas dans quel but, pas même un complot, mais de simples *manœuvres à l'intérieur,* il sait bien alors trouver tout ce qu'il veut. Si j'avais, pour gagner mon procès, *raturé les registres, moi,* je serais à Cayenne.

Aussi les faits qui parlent toujours plus haut que les impudents mensonges diront toujours, quoiqu'on puisse bien lâchement essayer de mentir en se cachant, que votre juste, paternelle administration au moins procura à votre commune *au lieu de dettes :* 1° chemin ; 2° lavoir ; 3° fontaine ; 4° cimetière ; 5° ornements d'église ; 6° église ; 7° chapelles ; 8° clocher ; 9° horloge ; 10° jardin de la cure, etc., c'est bien quelque chose. Or, tous les maires *n'en peuvent pas précisément dire autant* à ma parfaite connaissance, et je crois aussi à la vôtre, surtout au prix coûtant !

Mais rien pour rien dans ce bas monde où tout se paie. Je viens donc ici, et par réciprocité de bons procédés, vous demander à mon tour un service. Dire secrètement et bien bas, en grand mystère, à l'oreille de vos amis et connaissances, qu'*étranger à votre canton,* malgré le voisinage, et surtout malgré la calomnie aussi lâche qu'infâme et bête, calomnie vipérine que j'ai toujours cependant trouvée comme une persécution autour de moi et sur mon chemin, pour empoisonner de sa bave venimeuse mes actions et toutes mes paroles : dire qu'il ne peut même être ici question, impossible de trouver le moindre prétexte de chauffer une candidature quelconque !...

Ajoutez encore que les *frais des procédures injustes* ne m'empêchent pas de dîner, moi, *mais d'autres,* hélas ! et alors nous serons quittes.

Et sur ce, monsieur le Maire, que Dieu vous ait en sa sainte garde et croyez-moi votre serviteur.

Cte DE QUINSONAS.

Paris, 4 juin 1870.

Paris — Imp. Balitout, Questroy et Ce, rue Baillif, 7.